Sunaya Anara Y Noun

Die Corona-Krise und die Soforthilfe der geistigen Welt
durch Channelings, Gedanken und Übungen

BoD

AF186910

Sunaya Anara Y Noun

Die Corona-Krise und die Soforthilfe der geistigen Welt durch Channelings, Gedanken und Übungen

Bibliografische Information der Deutschen
Nationalbibliothek:
Die Deutsche Nationalbibliothek verzeichnet diese
Publikation in der Deutschen Nationalbibliografie;
detaillierte bibliografische Daten sind im Internet über
http://dnb.dnb.de abrufbar.

Lektorat: Marija Keller
Korrektorat: Marija Keller

Herstellung und Verlag: BoD – Books on Demand,
Norderstedt

ISBN: 978-3-7519-0102-4

<u>Wichtige Vorbemerkung zu diesem Buch:</u>

Es gilt das Prinzip der Eigenverantwortung und der freien Entscheidung, des freien Willens des Lesers, der Leserin dieses Buches. Er oder sie bestimmt, wie weit er oder sie gehen will. Eigenverantwortung heisst, dass der Leser oder die Leserin aufgefordert ist, bei psychischen oder körperlichen Erkrankungen oder Behinderungen vor Durchführung der Übungen der Channelings Rücksprache mit Fachleuten zu halten und gegebenenfalls die aktive Umsetzung dieser entsprechend zu gestalten. In diesem Buch werden keine Heilversprechen gemacht. Die Übungen ersetzen keinen Arzt- oder Therapeutenbesuch! Die Energiearbeit kann als Nachwirkung bedeuten, dass Sie sich eine Weile anders als sonst fühlen, weil sich all Ihre Körper (feinstoffliche und physischer) erst noch an die neue Schwingung gewöhnen müssen. Dies gibt sich nach einer Weile von selbst wieder. Bitte halten Sie sich unbedingt genau an die in den Channelings beschriebene Durchführung und Abfolge. Von Herzen gutes Gelingen!

Die Autorin

Herstellung guten Wassers:

Worte sind Schwingung und Schwingung wirkt und durchdringt. Folgender Satz reinigt und lädt das Wasser mit Lichtenergie auf. Bitte schreiben Sie den Satz auf ein Blatt Papier und stellen ein Glas oder einen Glaskrug mit Wasser darauf. Lassen Sie alles für mindestens zwei Stunden wirken. Es werden sich viele kleine Luftbläschen im Wasser bilden, daran merken Sie, dass es nun bereit ist. Bitte verwenden Sie kein Plastik in dem Zusammenhang (auch nicht laminieren), da dies die Schwingung nicht durchlässt. Nun verstehen Sie vielleicht auch, warum es wichtig ist, keine Synthetik als Kleidung zu tragen, da das keine Schwingung durchlässt. Doch das ist ein anderes Thema.

Der Satz lautet:

Eh Ohman thinh ouh Noun Anh tehth.

Im Zusammenhang mit den Übungen der Channelings werden Sie auf eine optimal mögliche positive Wirkung vorbereitet bzw. die Übung kann optimal nachwirken.

Inhalt

VORWORT

Wir befinden uns gerade in der sogenannten Corona-Krise in der ersten Jahreshälfte 2020. Viele Menschen sind verunsichert, auf sich zurückgeworfen und werden mit urtiefsten Ängsten und Zweifeln konfrontiert. Der Ruf nach Hilfestellung wird laut, auf allen Ebenen. Der Ruf wurde gehört, eine Antwort der Lichtwelt erfolgt in diesem Buch. Die Channelings der Helfer, Meister, Erzengel und Lichtwesen sollen Ihnen mit Rat und Tat zur Seite stehen. Die Reihenfolge der Kapitel und Übungen wählen Sie! Je nachdem, welcher «Baustein» Ihnen fehlt, lohnt es sich, mit einem anderen Kapitel zu beginnen. Diese herausfordernde Zeit verbirgt also auch Chancen und einen versteckten Segen. Mögen Sie dies für sich und Ihre Welt entdecken.

Von Herzen, Sunaya Anara Y Noun

Vorbemerkung zu den Channelings

Diese Channelings dienen dem Erweitern von Wissen und meinen keinesfalls, dass Sie den Gang zu Therapeuten oder Ärzten unterlassen sollen. Wenn von Heilung gesprochen wird, dann nicht als Heilversprechen, sondern als Möglichkeit, Zusammenhänge aus einer anderen Perspektive zu betrachten und Lichtwerkzeuge zu nutzen, um im eigenen Entwicklungstempo in die Ganzheit von Körper, Geist und Seele zu gelangen.

Die Autorin, März 2020

KAPITEL 1 WORTE VON ERZENGEL METATRON

Liebe Menschen, in der Zeit der Verunsicherung durch Covid 19 wende ich mich an euch. Da ich einst selbst als Mensch gelebt habe, kann ich eure Nöten, Sorgen, Gedanken, Befürchtungen, Zweifel und Annahmen gut nachvollziehen. Zwar habe ich zu einer anderen Zeit gelebt als ihr, doch wenn ihr die Zeilen der Philosophen aus ganz früher Zeit lest, merkt ihr, dass gewisse Themen oder Anliegen zeitlos sind. So auch das Thema, das euch gerade sehr stark beschäftigt, das Coronavirus oder auch Covid 19.

Zu eurer Beruhigung ist zu sagen, dass euch jetzt nichts Neues «befällt». Ihr wisst, dass ihr alle miteinander verbunden seid und Trennung nur Illusion ist. Das, was euch widerfährt, haben auch schon Generationen vor euch erlebt. Etwas Unbekanntes, scheinbar, aus dem Hinterhalt, scheinbar, willkürlich, scheinbar, bedrohlich, scheinbar. Warum nur scheinbar? Ihr seid Schöpfer und Schöpferinnen und steuert euer Erlebensfeld. Ihr seid mehr als nur der menschliche Körper, auch Seele, diese verfolgt einen Plan. Ihr könnt nicht sterben, bevor es an eurer Zeit ist und müsst die irdischen Bereiche verlassen, wenn es soweit ist. Ihr verfügt über Schutzmechanismen eurer Seele, eurer Ahnen und eurer feinstofflichen Körper, die mit euren stofflichen Elementen verbunden sind. Alles reagiert in Wechselwirkung miteinander und unter der Schirmherrschaft eurer Seele. Selbst wenn ihr euch abgetrennt, verunsichert und ziellos fühlt, so ist es nicht so. Im Ernstfall weiss eure Seele über verschiedene Wege einzugreifen, euch doch zu erreichen, entgegengesetzt eures blockierenden Egos. Ihr habt die Wahl durch euren freien Willen zu steuern, wie ihr durch

Entwicklungen geht. Ihr könnt es euch leicht machen, indem ihr, verbunden und eins mit Körper, Geist, Seele und der feinstofflichen Lichtwelt oder gar euren Ahnen den klaren Impulsen und eurer inneren Führung folgt, oder in der Untätigkeit verharrt, versteinert und gefangen in Zweifel und Angst, Sorge und Blockiertsein. Auch wenn ihr es euch nicht vorstellen könnt, allein durch euren freien Willen auslösen zu können, dass Hilfestellung der Lichtwelt zu euch kommen kann, ihr eure innere Verbindung zu eurer inneren Führung (wieder) erlangen könnt, so ist dies tatsächlich möglich. Da die Grenzen zur Lichtwelt hauchdünn sind, im Gegensatz zu der Zeit, in der ich auf der Erde gelebt habe, seid ihr in der Lage, ganz schnell Hilfe herbeizuholen. Aus eurem Herzen, einem Herzensgebet heraus. Daher wenden wir Lichthelfer uns an euch durch das Medium Sunaya Anara Y Noun, das die Zeit der Entschleunigung und Verlagerung der Arbeiten nützt, um euch diese Zeilen zu channeln. Meisterenergien und Lichtwesen wenden sich nun an euch, um euch hilfreiche Botschaften und auch Übungen zu vermitteln. Diese werden euch auch nach der angespannten und unsicheren Zeit der Corona-Krise helfen, in anderen Situationen zu euch zu kommen, in eure Verbindung zu wesentlichen Elementen wie der inneren Führung, der Seele, dem Lichtreich oder auch zu euren hochgeschätzten Ahnen, euren Helfern aus eigenen Reihen, die nicht mehr physisch hier auf Erden sind, sich aber bereiterklärt haben, euch schützend und hilfreich sowie weise zur Seite zu stehen. Ihr seid gar nicht so allein, wie ihr denkt.

Euer Erzengel Metatron, März 2020

KAPITEL 2 MEISTERENERGIE
MARIA UND DAS KERNHERZ

Liebe Menschenkinder, ich nenne euch alle so, da ich euch von Herzen als meine Kinder ansehen will. Meine Meisterkraft ist das Mütterliche, die Geborgenheit, innere Ruhe und Frieden im Herzen durch Gewissheit, willkommen zu sein, geliebt zu sein, wie ihr seid und euch in meine Arme fallen lassen zu können, in dem Wissen, dass ich euch auffange und geborgen halte, wiege und tröste, wenn ihr etwas erlebt, das euch beutelt, verunsichert, schwächt. Ich bin die Meisterenergie, die in jeder und jedem von euch veranlagt ist. Ihr bringt mich mit in eurem Kernherzen, das tief in einem Lichtbereich eurer Herzregion verborgen liegt, das ungeachtet eurer Erlebnisse und Abtrennung, die ihr zwangsläufig durch irdische Erfahrungen erleben müsst, vorhanden und geschützt ist. Vielleicht rückt der Zugang zu diesem Kernherzen für euch in die Ferne, doch mit eurem freien Willen und einem Gebet aus eurem Herzen heraus erreicht ihr dieses Kernherz wieder und öffnet es, um selbst eintauchen zu können in eure ursprüngliche Unschuld, Reinheit und Kraft der Seele, dem Zustand, den ihr erlebt habt, bevor ihr auf die Erde gekommen seid. Bisweilen fühlt ihr euch belastet, «schmutzig», schuldig und unrein ob der Erfahrungen und Taten. Doch liebe Menschenkinder, zur Erfahrung und Entwicklung des Menschseins gehören alle Erfahrungen dazu. Verurteilt euch nicht dafür, denn gemachte verankerte Erfahrungen wiederholen sich nicht mehr, da sie verankert sind. Es reicht also nicht, Erfahrungen zu durchleben, sondern sie sollen noch bereitwillig als Erfahrungsgut verankert werden, ohne sie zu bewerten und zu unterteilen in gut und schlecht, nützlich oder unnütz, sinnvoll oder sinnlos. Jede Erfahrung, die du gemacht hast, liebes Menschenkind, ist von deiner Seele gewollt. Bitte nimm sie an, denn wenn du sie wie ein Waisenkind verstösst und von dir weist und sagst, dass du sie nicht gemacht haben willst, so meldet sie sich umso heftiger bei dir, immer wieder und wieder, bis du lernst, sie anzunehmen und zu verankern. Dazu wird dir Erzengel Michael gemeinsam mit Erzengel Nathanael helfen. Sie werden dir eine Übung durchgeben zur Verankerung abgelehnter Erfahrungen, damit du endlich offen und frei sein kannst im Herzen. Bitte ändere die Reihenfolge und gehe die Übung mit ihnen durch, wenn du spürst, dass du blockiert bist, um die Übung zur Wiederentdeckung deines Kernherzens zu vollführen.

Was ich dir mitgeben möchte, ist eine Übung, die dir hilft, ins Kernherz vorzudringen und deine ureigenste Geborgenheit, Liebe und Frieden zu tanken. Wenn dir das gelingt, weisst du, spürst du, dass du gut bist und alles gut ist. Du wirst mich, Meisterenergie Maria, in dir wiederfinden und du wirst sehr berührt sein.

Meisterenergie Maria, März 2020

Übung zur Wiederentdeckung des Kernherzens:

Gehe in die Stille, äusserlich, indem du dafür sorgst, dass dich an einem separaten Ort des Wohlfühlens niemand stört und innerlich, indem du dich dafür öffnest, dich auf dich zu konzentrieren. Bitte deinen Schutzengel und deine Seele um Führung und Schutz, unterstütze dich mit tiefer Atmung dabei. Positioniere deinen Körper bequem, aber so, dass du nicht einschläfst, sondern im Hier und Jetzt bei deinem Körper bleiben kannst. Trinke zuvor ein Glas gutes Wasser und zünde dir bei Bedarf eine schöne Kerze an.

Warte nun ab, bis dir dein Schutzengel ein Zeichen gibt, dass es losgehen kann. Sei offen dafür, wie es zu dir kommen kann, versteife dich nicht auf eine Vorstellung, wie es sein sollte. Du wirst spüren oder wissen, dass dein Schutzengel da ist, da sich entweder dein Gefühl positiv ändert, dein Körper sich plötzlich entspannt, eine warme Welle des Wohlbefindens durch deinen Körper geht oder du innerlich ein Licht wahrnimmst. Vielleicht duftet es auch plötzlich nach Veilchen oder Rosen, sei offen dafür, wie es passiert. Es kann auch ganz anders sein, doch sollte es immer ein gutes Gefühl in dir auslösen.

Konzentriere dich nun mit deiner inneren Wahrnehmung der Entspanntheit auf deine Bauchregion. Tauche ab wie in einen klaren Lichtsee und spüre die Lichtfunken, die durch deinen Körper sprühen und einen klaren Lichtpfad erkennen lassen, der erst verborgen oder versteckt scheint. Folge diesem Lichtpfad, er führt dich zu deiner Herzregion. Rufe deine Seele bewusst an, dass sie eine Lichtsegnung auf die Herzenstüre zum Kernherzen vornimmt, sie weiss schon Bescheid und wartet bereits darauf. Du wirst ein intensives Lichtwirken wahrnehmen, das etwas mit dir machen wird, mit deiner Gefühlswelt. Warte, bis es abebbt und tauche dann ganz leicht und frei in dein Kernherz ein. Du fühlst dich nun wohlig, warm und wie in Himmels-Watte gepackt, vielleicht nimmst du auch sanfte Klänge wahr oder andere angenehme Elemente. Geniesse und tanke auf. Du schwebst nun in dir und weisst, fühlst, du bist gut und alles ist gut. Nimm diesen tiefen Frieden und die Gewissheit bewusst mit ins Hier und Jetzt. Du weisst, dass dieser Zustand die Wahrheit ist, deine eigene Wahrheit über dich und dein Sein und dass du jederzeit dahin zurückkehren kannst, egal was geschehen ist, geschieht oder noch geschehen wird. Hier ist das geborgene Gefühl, die Gewissheit, dass du selbst Mutter und auch Vater in dir bist und für dich bist. Du bist deine inneren Eltern und dies kann dir niemand wegnehmen. Tanke auf, geniesse und kehre dann, wenn es sich für dich stimmig anfühlt, wieder vorsichtig ins Hier und Jetzt zurück. Schwebe dabei ganz sanft den Weg zurück zur Herzregion, in den Bauchraum und von dort ins Tagesbewusstsein. Öffne achtsam deine Augen und strecke dich. Bitte deine Seele, das Kernherz mit Licht zu schützen und zu versiegeln, bis du es das nächste Mal besuchen gehst. Danke deinem Schutzengel und bitte ihn, deine Aura mit Licht zu versiegeln, damit du geschützt in den Alltag zurückkehren kannst. Bedanke dich bei ihm und lass dich bei Bedarf von ihm erden, indem du ihn darum bittest. Öffne allenfalls das Fenster und sei durch die frische Luft wieder ganz im Hier und Jetzt, trinke nochmals ein Glas guten Wassers und freue dich über das, was du wiederentdecken durftest.

KAPITEL 3 ERZENGEL MICHAELS WORTE

Liebe alle, die ihr diese Zeilen lest. Viele kennen mich bereits aus anderen Channelings oder Büchern. Wenn ich zu euch spreche, erkennt ihr mich an meiner Klarheit, Kraft und auch meinem Humor. Fehlt dies, so handelt es sich nicht um meine Worte. Das ist ganz wichtig für euch zu wissen, da ich euch nur helfen kann, wenn ihr meinen Worten folgt.

Mein Lichtschwert ist nur eines meiner Lichtwerkzeuge. Auch wenn ich als Krieger des Lichts bezeichnet werde, so sehe ich mich nicht im Krieg oder als Krieger, schon gar nicht gegen jemanden oder etwas. Ich wirke immer für, für Klarheit, Kraft, Freiheit und Göttlichkeit. Die Göttlichkeit in euch habt ihr vergessen und manchmal wie verlernt. Diese braucht ihr aber, um bei klarem Kopfe zu sein. Ein klarer Kopf bedeutet für mich, dass ihr mit allen Körpern im Fluss seid und verbunden mit eurer inneren Führung. Feinstoffliche Körper und grobstofflicher Körper sind verbunden und eins, nur so könnt ihr klar denken und frei sein von Manipulation oder Zweifeln. Der Geist ist das am schwierigsten zu beherrschende Element eures Seins und für diesen herausfordernden Bereich bin ich für euch da, sehr gern. In der Zeit der Corona-Krise ist es wichtig, dass ihr in der Klarheit seid, einen eben beschriebenen klaren Kopf haben könnt, um richtig handlungsfähig zu sein. Handlungsfähig heisst nicht nur, Schritte im Aussen zu tun, sondern bereits im Inneren zu entscheiden, was ihr glaubt, was für euch wichtig und richtig ist, was zählt und was nicht. Diese innere Handlung ist wichtig. Eine Einstellung zu etwas ist immer auch eine innere Handlung. Werdet da bereits tätig. Wie wollt ihr eingestellt sein, worauf richtet ihr euch aus?

Diesbezüglich, den Fokus betreffend, wird euch Meisterenergie Sananda in einem weiteren Kapitel weiterhelfen.

Viele Übungen habt ihr schon gemacht mit meiner Hilfe, um euch zu befreien. Wenn es nicht geklappt hat, dann liegt es vermutlich daran, dass ihr meinen besten Freund nicht dabei hattet, Erzengel Nathanael. Nathanael hilft bei tiefen Verletzungen des Inneren, des Gefühls, dem Eindruck, die Seele, die unsterblich und unverwundbar ist, wäre verwundet. Wer dieses Thema hat, kann gar nicht bereit sein für meine Befreiungshilfe mit meinem Lichtwerkzeug, weil euch die Verletzung und tiefe Kränkung im Weg steht. Dafür haben wir uns nun zusammengetan, mein lieber bester Freund Erzengel Nathanael und ich, um euch zu helfen, diese tiefen Verletzungen zu heilen und Blockaden zu lösen sowie dann die Klärung und Befreiung zu durchlaufen, damit ihr wieder bei klarem Kopf seid. Seid ihr bereit? Ich freue mich auf euch.

Euer Erzengel Michael, März 2020

KAPITEL 4 ERZENGEL NATHANAELS WORTE

Geliebte menschliche Wesen, für die ich recht unbekannt bin. Ich habe mich lange Zeit im Verborgenen gehalten, weil es noch nicht an der Zeit war, zu wirken. Während ich meine Kraft für euch gesammelt habe und gebündelt, habt ihr von eurer Seele her beschliessend viele Jahrhunderte Erfahrungen durchlebt und gewirkt. Viele Lichthelfer von euch, die als Helfer inkarniert sind und sich vergessen haben, ihre Aufgabe, ihren ganz eigenen Sinn und Weg, haben zahlreiche tief einschneidende, schwere und sehr verletzende, demütigende Erfahrungen auf dieser Welt sammeln müssen. Mehrere Leben lang, immer wieder, es sind tiefe Furchen und Narben in der Seele, scheinbar und wenn du diese Zeilen liest und dein Herz schwer wird, du wie einen Weltschmerz dazu spürst, so gehörst du zu den starken und unendlich liebenden, selbstlosen Seelen, die beschlossen haben, ganz viel Leid auf sich zu nehmen, dem Kollektiv zu helfen, mitzutragen, einzutauchen, zu übernehmen, um wieder ablegen zu können. Doch mit dem Ablegen des Schmerzes und der Kränkungen und Verletzungen haben jetzt ganz viele Schwierigkeiten, weil sie nicht wissen, wie und wo sie sich Hilfe holen können. Schaut, nun bin ich da, nun ist die Zeit dafür reif. Seid ihr bereit? Bereit, dem Leben eine neue Chance zu geben, eurem Leben, eure tiefsten Verletzungen in euch zu heilen, denn erst dann kann eine wirkliche Befreiung durch Erzengel Michaels Hilfe stattfinden, wie er es zuvor angekündigt hat. Entscheidet euch bewusst, euch dem Leben wieder zuzuwenden, ihm eine Chance zu geben, für euch wieder schön und lebenswert zu sein. Ja, es kann tatsächlich alles wieder gut und in Ordnung kommen und ihr werdet aufhören, wie ein Magnet schlechte und schlimme Erfahrungen zu generieren in eurem Leben. Jetzt darf endlich Schluss damit sein, packen wir es an, endlich.

Erzengel Nathanael, März 2020

KAPITEL 5 ÜBUNG ZUR VERANKERUNG ABGELEHNTER ERFAHRUNGEN

Diese Übung kannst du nur durchführen, wenn du im Vertrauen bist. Weisst du oder merkst du, dass du da noch Hilfe brauchst, führe bitte zuerst die Übung mit Einhorn Shohweeh in einem weiteren Kapitel durch, bevor du mit Nathanael und mir arbeitest.

Begebe dich bewusst und achtsam äusserlich und innerlich in einen Raum der Ruhe und des Ungestörtseins. Bitte deinen Schutzengel um Schutz und mich, Erzengel Michael, um Führung. Lege deine Hände an die Stelle in deinem Körper, wo du deine grösste innere Sicherheit und Kraft vermutest. Bitte mich, diese Stelle zu aktivieren und spüre dann den Unterschied. Dein Körper wird sich aufrichten und du wirst wissen, dass ich da bin. Ich fülle dein ganzes Sein aus. Nimm mich mit jedem Atemzug mehr und mehr an, bejahe die Kraft voller Vertrauen. Bald wirst du an deine Grenzen kommen und dich plötzlich klein und schwach oder nichtsnutzig fühlen. Das ist der richtige Moment, um Erzengel Nathanael zu rufen. Er wird achtsam und vorsichtig aus der Ferne zu dir kommen, damit du dich an ihn gewöhnen kannst. Er nähert sich in deinem Inneren und dein inneres Sehen wird sich verändern. Du wirst innere Lichtblitze wahrnehmen oder ein kräftiges Orange, vielleicht auch wie ein Donnern oder Grollen hören, doch hab Vertrauen. Wenn du dich darauf einlässt, wirst du bald merken, dass Gutes auf dich wartet. Nun tritt Erzengel Nathanael vor dich und du kannst ihn in seiner ganzen gesunden Macht wahrnehmen. Es wird etwas mit deiner Gefühlswelt machen, denn du spürst Demut und Erhabenheit zugleich, auch deine eigene gesunde Macht und Grösse spürst du wieder in all deinen Zellen. Nun wird dich dein Herz schmerzen, denn da sind die ganzen tiefen Verletzungen und Erfahrungen des Leids und des Scheiterns deiner

Inkarnationen auf Erden gespeichert. Es fühlt sich an wie ein Knoten, der aber nicht platzen kann. Bitte Erzengel Nathanael nun vertrauensvoll, dich in deiner Herzgegend zu berühren. Nathanael ist ganz sanft, du wirst erstaunt sein. Während er dein Herz berührt, spürst du sein Mitgefühl, sein Verständnis für deine Situation und seine Achtung vor dem, was du erlebt und durchlebt hast. Er geht vor dir in die Knie ob deiner Seelengrösse, dass du so viel und so Schweres auf dich genommen hast und dankt dir im Namen des Lichts, dass du deine Grösse auf diese Weise zur Verfügung gestellt hast. Er steht wieder auf und du spürst, dass auch du mit ihm innerlich wieder aufstehst. Du nimmst wahr, wie gross du bist, wie wundervoll, wie atemberaubend schön, leicht und frei, wenn da nicht die Ketten wären. Nathanael zieht sein Lichtschwert, das orangefarben scheint und funkelt und fragt dich, ob du bereit bist, die Ketten der Vergangenheit zu lösen. Bejahe aus deinem tiefsten erfreuten Herzen heraus und er wird wirken. Sobald sein Lichtschwert deine Ketten berührt, bist du frei und damit auch all die unerlösten Seelen, die nun weinend, seufzend und jubilierend mit mir, Erzengel Michael, unter meinem Schutz ins Licht entschweben. Vielleicht haben sie noch eine Herzensbotschaft für dich, dann nimm sie auf und mit in dein weiteres Leben. Lasse diesen Moment eine Weile wirken, bevor du dich bei Erzengel Nathanael bedankst und ganz achtsam und langsam wieder ins Tagesbewusstsein zurückkehrst. Bevor du deine Augen öffnest, atme bewusst und nimm deinen Körper aus einem anderen Gefühl heraus neu wahr. Bitte mich nun, dich ganz sicher wieder ins Hier und Jetzt zu führen und deine Aura mit Licht zu versiegeln. Erst jetzt öffne die Augen, bewege dich langsam und gönne dir heute sehr viel Ruhe und Zeit nur für dich, für deine neue Wahrnehmung deines Selbst und Seins. Trinke ein Glas guten Wassers oder auch zwei, bedanke dich nochmals bei allen Lichthelfern und sei gewiss, dass du jetzt die bisher abgelehnten Erfahrungen angenommen und gesund verankert hast, gemeinsam mit Erzengel Nathanael und mit mir. Die Last ist weg, die Erfahrung an sich durch die heimkehrenden nun erlösten Seelenanteile in deiner Seele verankert, doch ohne Leid und Schwere, nur als Erfahrungswert. Sei und bleibe im inneren Frieden und wiederhole diese Übung bei Bedarf. Vielleicht braucht es mehrere Anläufe, dann sei gnädig und verständnisvoll mit dir selbst und erlaube, dass es so sein darf. Wir lieben dich sehr und unterstützen dich bei diesem seelentiefen Prozess, wo wir nur können.

Dein Erzengel Michael und Erzengel Nathanael, März 2020

KAPITEL 6 WORTE UND ÜBUNG ZUR AUSRICHTUNG DES FOKUS VON MEISTERENERGIE SANANDA

Geliebte Menschen, wir hören eure Gebete an die Lichtwelt und wenden uns gern liebevoll mit Hilfestellungen an euch. Ihr wendet euch an uns, doch eigentlich wendet ihr euch an euer eigenes Höheres Selbst. Ihr tragt das Göttliche in euch, doch habt ihr es vergessen und es scheint die Verbindung dazu verloren gegangen zu sein. Ich sehe es als meine Aufgabe, euch zu helfen, diese Verbindung wiederaufzubauen, denn sie wäre da, stünde zur Verfügung, wenn ihr nicht aus verschiedenen Gründen davon abgetrennt wäret. Da euch also diese Verbindung fehlt, richtet ihr euch zwangsläufig an uns, an eine weise, höhere Macht, doch die Weisheit und gesunde Macht ruht in euch.

Meine Empfehlung an euch beläuft sich also darauf, dass ihr euren Fokus darauf richtet, wieder in die Verbindung zu eurem Höheren Selbst zu treten. Dort liegen all eure Antworten auf eure Fragen, dort habt ihr Zugriff auf Wissen und Impulse, die euch dienlich sind für euren Alltag, euer Leben. Ihr wisst sicher schon längst, dass sich die Menschheit in einem stetigen Aufstiegsprozess befindet. Gehen die Menschen nicht aus eigener Initiative darauf ein und in diesem geistigen Strom der Aufwärtsbewegung mit, so werden sie konfrontiert mit ihren verdrängten und versteckten Ängsten, Nöten, Zweifeln und Sorgen. Dies wirkt wie ein Motor und wurde vom Kollektiv der Seelen definiert, damit ihr in Zeiten, wo ihr euch und eure Göttlichkeit vergessen oder wie verloren habt einen Grund bekommt, weiter an euch zu arbeiten und nicht stehen zu bleiben. Bitte seht es nicht als Strafe, sondern als Zugpferd auf dem Entwicklungsweg in Leichtigkeit, Freiheit, Gesundheit und Fülle. Das Alte ist vorbei, lasst es ziehen und hinter euch und konzentriert euch auf JETZT. Denn im Jetzt könnt ihr schöpferisch tätig sein, davon habt ihr sicher auch schon gelesen oder gehört. Das JETZT ist eure Bühne und euer Platz, zu wirken. Mit der nachfolgenden Übung vermögt ihr grossartig für euch zu wirken, ganz im Sinne des Kollektivs der Seelenentwicklung Richtung Aufstieg, ganz im Sinne der Eigenverantwortung für euer Fühlen, Denken, Sein, Tun. Mit der Übung richtet ihr euch im Fokus darauf, was euch weiterhilft und frei macht, ganz allein und ausschliesslich ihr selbst!

In tiefer Liebe, Meisterenergie Sananda, März 2020

Übung zur Ausrichtung des Fokus auf Leichtigkeit, Freiheit, Gesundheit und Fülle:

Geht im Äusseren und im Inneren in einen Raum und eine Zeit der Ruhe. Bittet und dankt euren Schutzengel und die höchste Lichtkraft um Führung und Schutz. Ruft mich herbei, Sananda, für die Übung zur Ausrichtung des Fokus. Atmet ruhig und entspannt, stellt euch vor, euer Atem wäre das Meer und würde Ebbe und Flut folgen, EIN-AUS-EIN-AUS-EIN-AUS. Wenn ihr euch entspannt und in der Ruhe fühlt, richtet eure Aufmerksamkeit auf den Sandstrand des inneren Meeres, an dem ihr euch befindet. Dort seht ihr Wegweiser, die in zahlreiche Richtungen weisen. Euer Leben besteht aus einer Vielzahl von Möglichkeiten. Konzentriert euch auf euer Herz und auf euren freien Willen, jetzt den momentan besten Weg für euch zu wählen. Euer Herz ist euer Kompass.

Solltet ihr jetzt Mühe haben, euer Herz zu spüren, vollführt bitte zuerst die Übung mit Lady Nada in einem späteren Kapitel. In dem Fall kehrt in der Aufmerksamkeit bewusst achtsam wieder ins Hier und Jetzt zurück, bedankt euch bei den Lichthelfern und öffnet die Augen. Falls ihr keine Schwierigkeiten habt, euer Herz einen Kompass sein zu lassen, fahrt bitte fort.

Schaut nun, welcher Wegweiser aufleuchtet und welche Botschaft oder Überschrift darauf zu lesen ist. Vielleicht hört, wisst oder fühlt ihr einfach nur, worum es geht, ohne, dass ihr etwas seht. Vielleicht erkennt ihr, dass jemand aus eurer Ahnenreihe bei diesem Wegweiser steht und euch freundlich zulächelt und Mut macht, diesen Weg zu gehen. Was auch immer geschieht, vertraut darauf, dass das jetzt das ist, was richtig und wichtig für eure Situation, für eure momentane Lage ist.

Lasst das Gefühl, die Erkenntnis wirken, so lange es euch gut tut und kehrt dann dankbar, achtsam und bereichert mit der Aufmerksamkeit ins Hier und Jetzt zurück. Bittet euren Schutzengel, eure Aura mit Licht zu versiegeln, damit ihr geschützt seid. Öffnet die Augen, wenn möglich geht an die frische Luft und verbindet euch gefühlsmässig mit der Natur und ihren Energien, dies rundet euer inneres Erlebnis ab. Trinkt möglichst viel gutes Wasser.

KAPITEL 7 MIT DEN AHNEN KOLLEKTIVSCHMERZ HEILEN

Endlich können wir zu euch sprechen. Wir lieben euch unendlich tief, wir wissen, was ihr durchmacht und es ist unangenehm, dass wir aussen vor sind und euch nicht direkt helfen können. Wir haben uns bereit erklärt, als Gruppe von Helfern, anstatt ins Licht zurückzukehren, euch bei Seite zu stehen und zu unterstützen. Wir sind eine Gruppe Ahnen, die stellvertretend für das Kollektiv aller Ahnen arbeiten. Das bedeutet für euch, dass jeder einzelne eurer Ahnen für jeden einzelnen Lebenden zur Verfügung steht, um Liebe, Licht, Botschaften und Energien an euch weiterzugeben. Wir wirken als Bindeglied und freuen uns, sind dankbar für diese tiefe Chance, euch spüren zu lassen, dass Trennung nur Illusion ist und wir gar nicht weg sind.

Die Gruppe der Ahnen, die mit euch arbeitet, wirkt überkonfessionell. Wir sind alle eins und das Eine ist alles, wir und jeder Einzelne, jede Einzelne. Bitte hört auf, in Schubladen zu denken oder euch in diese zu stecken, hört auf, euch zu kränken durch Diskriminierung, Rassismus oder Separation. Durch diese Übung werdet ihr selbst spüren, wie wundervoll stark dieses Eine ist, mit dem und über das wir alle verbunden sind, die eine Kraft, aus der alles entstand, aus der wir alle sind und immer sein werden, egal, auf welchen Planeten wir inkarnieren, in welche Nation oder in welches individuelle Setting als Mensch.

Bitte geht mit eurem ganzen Herzen in diese Übung und falls es noch verschlossen ist, lasst euch bitte auf die Übung mit der Herzöffnung mit Meisterenergie Sanada ein.

Bitte suche dir einen Ort der Ruhe, wo du innerlich und äusserlich ungestört arbeiten kannst. Rufe deinen Schutzengel und bitte ihn, dich auf die Heilung des Kollektivschmerzes durch die Ahnen vorzubereiten.

Spüre, wie dein Schutzengel dich mit Licht ausfüllt und du ein Gefühl von Sicherheit und Ruhe erfährst. Dein Schutzengel lässt nun deine Auraschutzkugel leuchten, sie dehnt sich aus, bis du merkst, dass es genug ist.

Konzentriere dich nun auf den Gedanken, mit der Gruppe der Ahnen Kontakt aufzunehmen, die sich für diese Übung zur Verfügung gestellt haben. Grüsse sie respektvoll und lausche.

Lausche den Worten oder Ideen, vielleicht auch dem Gefühl, das sie dir zu übermitteln versuchen. Mache dich frei von Vorstellungen, wie dies ablaufen soll oder sich im Einzelnen zeigt. Vertraue auf das, was jetzt kommt.

Eine Welle von Licht, Friedensgefühl und Freude durchflutet nun dein Sein. Tanke auf. Hinter dir spürst du etwas wie eine lange Kette oder ein langes Seil, das dich nach hinten zieht. Lenke nun die Welle von Licht, Friedensgefühl und Freude nach hinten durch das Seil oder die Kette. Du spürst jetzt die Ahnen, die noch voller Schmerz sind, aber jetzt bereit sind, weiterzugehen, zu vergeben und ins Licht einzutauchen, da sie noch in irdischen Gefilden festgehangen sind. Schenke Ihnen dein Mitgefühl und habe auch Mitgefühl für dich und deine Situation.

Nun spürst oder bemerkst du aus dem Lichtbereich in der Ferne eine grossartige Explosion des Lichts und zahlreicher Regenbogenfarben. Die Ausläufe dieser Lichtexplosion gelangen zu dir, in dem Ausmass und der Intensität, wie sie für dich erträglich und sinnvoll sind. Dein Schutzengel wacht über den Prozess.

Höre, sehe oder spüre nun, ob es noch eine Botschaft für dich für deine Situation im Alltag, für Gesundheit, Beruf oder Beziehungen gibt. Nimm es dankbar an.

Verabschiede dich nun von der Gruppe der Ahnen, die für dich zur Verfügung stand und im Besonderen von einzelnen eigenen Vorfahren, die sich nun vielleicht gezeigt haben mögen.

Kehre in der Aufmerksamkeit wieder achtsam und langsam ins Hier und Jetzt zurück. Bitte deinen Schutzengel, deine Aura mit Licht zu schützen und vorzubereiten auf die Rückkehr in den Alltag. Bitte um Hilfe bei Erdung, wenn du es brauchst. Öffne dann langsam die Augen, strecke dich und trinke ein Glas guten Wassers.

KAPITEL 8 VERTRAUENSÜBUNG MIT EINHORN SHOHWEEH

Liebe Menschen, ich freue mich, mit euch Kontakt aufnehmen zu können. Wir Einhörner sind ja schon eine Weile hier auf Erden, weil sich die Schwingung so erhöht hat, dass wir uns temporär halten können. Allerdings müssen wir dann zurückkehren in unsere Gefilde und uns wieder reinigen und auftanken, weil noch zu viel Schwere bei euch ist. Danach kehren wir aber gerade wieder zu euch zurück. Wir sind permanent im Einsatz. Ihr erkennt uns an den vielen Lichtspektakeln, ungewöhnlich, Sonnenaufgängen oder Sonnenuntergängen, die anders waren als sonst und allen möglichen Varianten an Regenbögen, teils zu ungewöhnlichen Jahreszeiten. Das sind wir, hihi!

Wir helfen vor allem auch vielen Tieren, über die so genannte Regenbogenbrücke ins Tierkollektiv zurückzukehren, wenn sie gestorben oder gerade im Sterbeprozess sind. An der Stelle soll ich euch von all euren heissgeliebten und leider bereits verstorbenen Haustieren und Wildtieren grüssen, mit denen ihr durch Aufzucht und Wiederfreilassung in der Wildbahn zu tun hattet. Sie lieben euch sehr und wollen euch wissen lassen, dass es ihnen wirklich gut geht, auch wenn sie einen Leidensweg hinter sich haben. Die grossherzigen Tierseelen nehmen oft Kollektivleid auf sich und tragen es ab. Da ihre Seele wie eure unsterblich und rein ist, sollt ihr getröstet sein, dass es ihnen jetzt wirklich gut geht. Was zählt, ist das Jetzt, niemand kann es euch besser vorleben als die Tiere, die ganz im Hier und Jetzt verankert sind und keine Vergangenheit kennen, sich auch keine Gedanken um die Zukunft machen, sondern einfach leben.

Da wir die Tiere wie gesagt im Sterbeprozess oder kurz danach abholen kommen, sind wir sozusagen ihre Vertrauensleute. Sie erinnern sich sofort an ihre eigene Reinheit und Unsterblichkeit, sobald sie uns sehen oder fühlen und kommen bereitwillig mit ins Tierkollektiv des Lichts. Lasst mich für diese Übung eure «Vertrauensperson» sein, ich bin Einhorn Shohweeh und lasse euch innere Sicherheit und Vertrauen spüren. Nachfolgend die Übung:

Bitte deinen Schutzengel um Führung und Schutz. Schliesse deine Augen und begib dich auf eine wunderschöne Wiese. Nimm alles wahr, den Duft, die Blumen, die Schmetterlinge und das Vogelgezwitscher.

Rufe mich, Shohweeh. Lass dich überraschen, auf welche Weise ich zu dir komme. Als Bild, Duft, Ton, Farbe, Gefühl…auf jeden Fall nimmst du wahr, dass etwas anders ist, sich leicht und frei, auch zart anhört, anfühlt oder ansieht.

Rufe mich ganz nah zu dir und öffne dich für deine vermutlich erste Einhornberührung deines Lebens. Lege deine Hand entweder auf mein Herz oder in meine Mähne. Nimm die Welle des Vertrauens wahr und auf in dein Herz. Lasse es fliessen. Aller Kummer, alle Nöten und Sorgen verfliegen jetzt und die Wahrheit ist, dass auch du leicht und frei bist, beschützt und es wert, vom Licht umsorgt und genährt zu sein. Ich bin immer da und zugänglich für dich, wenn du mich brauchst. Ich gebe dir das Gefühl innerer Sicherheit zurück, aufgehoben und geborgen zu sein. Vertraue mir, dem Leben und deiner Kraft, auch Selbstheilungskraft. Alles, was du brauchst, ist in dir veranlagt, alle Antworten, alle Hilfestellungen für deinen Weg, für dein Leben.

Geniesse es noch einen Moment und kehre dann in deinem Tempo wieder ins Hier und Jetzt zurück. Verlasse die Wiese und komme ganz in deinen Körper zurück. Danke allen beteiligten Lichthelfern und bitte deinen Schutzengel, deine Aura mit Licht zu versiegeln als Schutz für den Alltag. Erde dich bei Bedarf und trinke ein Glas guten Wassers.

KAPITEL 9 LADY NADA UND DER HERZKOMPASS MIT MEISTERENERGIE SURYA

Geliebte Menschen, mein Name ist Lady Nada und ihr kennt mich vielleicht schon im Zusammenhang der Meisterschaft der violetten Flamme. Seid gegrüsst und wisset, ihr seid geliebt.

Die Kraft des Herzens ist im Sinne des Gleichgewichts von Körper, Geist und Seele bedeutsamer denn je geworden. Die Herzkraft, die Führung durch eure Herzenergie drängt an die Oberfläche und pocht an eure Tür, da ihr überwiegend verstandesbetont unterwegs seid. Der Verstand analysiert, sortiert, plant, berechnet Wahrscheinlichkeiten, irrt aber oft planlos und ziellos umher, wenn die Gefühlswelt in Angst oder Panik verfällt. Der Verstand ist dann «ausgeknockt» und wird wegen der Angst oder Panik abgetrennt und weggeschleudert, ihr seid nicht mehr im Fluss, nicht mehr verbunden, sondern abgetrennt, isoliert in eurem Zustand, hilflos bis ohnmächtig. Dabei kann eure Herzenergie euch helfen, alles wieder zu verbinden, zu einen in euch, in Fluss zu bringen, sodass ihr als Ganzheit «funktioniert». Daher übermittele ich euch gern die Übung mit dem Herzkompass, der euch zurück zur Herzqualität, zur Herzkraft, zur Herzenergie und zur Herzensweisheit führt.

Eure Lady Nada, März 2020

Suche dir einen ruhigen Ort, an dem du ungestört arbeiten kannst. Rufe deinen Schutzengel und bitte ihn um Reinigung, Führung und Schutz. Er wird dich erst einmal mit Licht durchwirken, eventuell mit der violetten Flamme der Reinigung, es kann aber auch sein, dass du das blaue Licht von Erzengel Michael wahrnimmst.

Entspanne dich nun mehr und mehr durch vertiefte Atmung. Rufe innerlich nochmals deinen Schutzengel und bitte ihn, dir aufzuzeigen, wo du noch blockiert bist. Spüre in die Körperregionen, die noch angespannt sind oder sich schwer oder blockiert anfühlen und lasse deinen Schutzengel dort mit Licht durchkämmen.

Wenn du dich frei fühlst und alle Schwere verschwunden ist, dann rufe Meisterenergie Surya. Visualisiere sie als weisse Seerose, die in deiner Herzgegend ruht.

Nun nimmst du einen See wahr, inmitten deiner Herzregion. Der See ist aufgewühlt, vielleicht bemerkst du Schlacken oder es stinkt. Rufe Surya an, dass sie aus der Mitte des Sees emporsteigt und langsam ihre Seerosenblätter entfaltet. So, wie sie nach und nach ihre Blätter öffnet, verschwinden Gestank, Schwärze und Unruhe in deinem inneren See. Zuletzt ist es ganz friedlich und ruhig.

Nun taucht eine Schatztruhe aus dem Boden des Sees an die Oberfläche auf. Dein Schutzengel hat den Schlüssel dazu verwahrt, da du ihn scheinbar verloren oder aus Wut und Frust vielleicht sogar einmal weggeworfen hast. Im Auftrag deiner Seele hat er den Schlüssel für dich aufbewahrt, vielleicht bist du nun dankbar und froh darum.

Öffne behutsam die Schatztruhe und ein goldener Kompass in Herzform tritt hervor. Nimm ihn zu dir und heisse ihn willkommen zurück. Lasse ihn mit Lichtenergie aufladen, damit er neu für dich starten kann und lege ihn dann in deine Herzgegend an die Stelle im Herzen, die sich dafür richtig anfühlt. Lasse den Herzkompass nun tiefer und tiefer sinken in diese Stelle und bitte deinen Schutzengel, diesen Ort mit dem Herzkompass als Schutz mit Licht zu versiegeln. Nun ist es vollbracht und du hast den Zugang zu deiner Herzkraft und Herzqualität auf allen Ebenen wieder. Es wird eine Zeit gehen, bis sich alles entfalten und mit den anderen feinstofflichen Körpern in deinem System verbinden kann.

Kehre nun langsam und achtsam mit Hilfe deines Schutzengels ins Hier und Jetzt zurück. Öffne behutsam die Augen, recke und strecke dich und trinke mindestens ein Glas guten Wassers.

KAPITEL 10 KALIBRIERUNG MIT DEINEM SCHUTZENGEL

Diese Übung hilft all jenen, die sich noch nicht auf ihren Schutzengel einstimmen konnten, noch keinen Kontakt haben. Es ist dabei unerheblich zu wissen, wie er heisst, das ist nicht wichtig, denn das wird sich von selbst zeigen und klären. Niemals mit Hinweisen von anderen Personen, denn der eingebaute Schutz des Schutzengels ist es, seinen Namen zum richtigen Zeitpunkt dem Schützling selbst zukommen zu lassen. Der Grund ist, keine Manipulationen oder Zugriff von aussen zu ermöglichen, denn den Namen eines Schutzengels zu kennen bedeutet, Macht über ihn zu haben. Der Schutzengel weiss also, dass er gemeint ist, auch wenn der Name noch nicht bekannt ist.

Kalibrierungsübung mit dem Schutzengel:

Entspanne dich an einem für dich ruhigen Ort, wo du nicht gestört wirst. Zuvor trinke noch ein Glas guten Wassers.

Richte dir den Ort gemütlich her, zünde bei Bedarf eine schöne Kerze an. Gehe bewusst in die Stille, ins Horchen. Horche auf die Signale deines Körpers, auf das, was vor deinem inneren Auge vorbeizieht und lasse dann bewusst alles los.

Stell dir vor, dass du zaubern kannst und für einen Moment losgelöst sein kannst von allem, was dich belastet und bedrückt, körperlich, geistig, psychisch. Nur für einen ganz kurzen Moment. Es funktioniert und danach ist alles wieder wie zuvor.

In dem einen kurzen Moment der Loslösung nimmst du ein nie gekanntes Gefühl der Wohligkeit wahr. Das bin ich, dein Schutzengel. An diesem Gefühl erkennst du mich.

Gehe nochmals in dich und bitte um unser Erkennungszeichen. Ich werde dich irgendwo deutlich berühren, sodass es unverkennbar für dich sein wird. Vielleicht am Körper, vielleicht im Herzen, du wirst es merken.

Nutze zukünftig dieses Erkennungszeichen, um sicher zu gehen, dass du die Verbindung zu mir hast. Für mich kommt es nicht darauf an, ich bin eh da und mache meine Arbeit («zwinker»). Es geht um dich, dass du dich sicher damit fühlst, mit mir in Verbindung zu sein.

Es wird der Zeitpunkt kommen, wo unsere Verbindung ganz schnell und leicht und natürlich da ist oder gar nicht mehr weggeht. Darauf freue ich mich bereits jetzt, geliebter Schützling!

Dein Schutzengel, März 2020

KAPITEL 11 HERZÖFFNUNG MIT MEISTERENERGIE SANADA

Geliebtes menschliches Wesen, das du bist, du kennst mich vielleicht als Gefährtin der Meisterenergie Sananda. Ich bin der weibliche Gegenpart. Meine Stärken sind Energien, die helfen, rund ums Thema Herzöffnung. Viele eurer Herzen haben sich verschlossen, oft schon in früheren Leben, da ihr viel erlebt habt, was das Herz einschränkt, belastet bis hin zu allertiefster Kränkung und Demütigung. Falls dir die anderen Übungen in diesem Buch rund um Heilung, Befreiung, Klärung und Verbindungsaufbau noch nicht geholfen haben, stehe ich sehr gern mit der Übung zur Herzöffnung zur Verfügung.

Zuerst möchte ich noch etwas zu den Zahlen sagen. Dieses Kapitel 11 schwingt in der Masterzahl der spirituellen Heilung. Das ist gut, denn wenn du dein Herz noch verschlossen hast, brauchst du genau dies.

Das Buch endet mit Kapitel 12, der Zahl der Vollendung und Vollkommenheit.

Die Zahl, die die Menschheit derzeit beschäftigt, ist die 19, vom Covid-19. Die 19 ist eine karmische Zahl und verweist auf noch unerlöste karmische Themen und Lasten aus früheren Leben, die stark verdrängt oder tabu sind. Daher musste es ja früher oder später aufbrechen und sich der Menschheit zeigen, was noch angeschaut, gelöst, geheilt werden will.

Nun zur Übung zur Herzöffnung:

Suche dir einen ruhigen Ort, an dem du nicht gestört wirst. Bitte deinen Schutzengel um Führung und Schutz und euer Erkennungszeichen (siehe Kapitel 10).

Summe die Worte «Meisterenergie Sanada, komm zu mir und in meinen Körper. Komm zu mir und in mein Herz.» Summe so, dass die Worte anfangen zu vibrieren, in deinem Körper spürbar ankommen. Du scheinst jede Zelle schwingen zu spüren. Wenn es dir leichter fällt, kannst du diese Übung auch in der Badewanne machen, während du ein Bad nimmst. Bitte stelle dabei sicher, dass dein Kreislauf dazu geeignet ist, ein warmes Bad zu nehmen.

Wenn also alles vibriert und schwingt, wirst du einen Hauch rosa-gold-türkisfarbener Energie wahrnehmen können, entweder innerlich visuell oder als Gefühl spüren, dass etwas anders ist. Ein Gefühl von Vertrautheit, Geborgenheit, Liebe, Nächstenliebe, Mitgefühl und Erleichterung stellt sich ein. Lass diese Farbe bzw. dieses Gefühl weiter zu deinem Herzen vordringen. Es hilft, Verhärtungen aufzulösen, Mauern fallen zu lassen und dein Herz, das zum Schutz eingesperrt war, wieder zum Vorschein kommen zu lassen. Diese Energie, die ich dir spezifisch schenke, hat Schutz für dein Herz inne. Traue dich also, deinen Schutz abzulegen, der nur dafür gesorgt hat, dich abzutrennen, von anderen, vom Licht, von dir selbst. Vertraue auf meine Schutzschwingung, denn es ist die der reinen, göttlichen, bedingungslosen Liebe.

Kehre nach der Übung wieder ins Tagesbewusstsein zurück, auf deine Art und in deinem Tempo. Danke dem Schutzengel und der Lichtwelt.

Bei Bedarf wiederhole die Übung mehrmals, vielleicht brauchst du etwas Zeit. Die hast du. Das Licht arbeitet immer ohne Druck und ohne Zwang. Daran erkennst du es. Lasse dich von niemandem unter Druck setzen, auch nicht von dir selbst.

In tiefer Liebe, Meisterenergie Sanada

KAPITEL 12 DU BIST DEIN EIGENER MEISTER, DEINE EIGENE MEISTERIN

Im letzten Kapitel geht es darum, daran zu erinnern, dass jeder und jede sein und ihr eigener Meister ist. Ihr habt es nur vergessen, liebe Menschen. Ihr verleugnet euch in eurem tiefsten Inneren als die göttlichen Wesen, die ihr seid. Natürlich habt ihr irdische Erfahrungen gesammelt, einander Leid angetan, euch Karma aufgeladen, seid Irrwege gegangen- aber genau deswegen seid ihr ja hierhegekommen auf den Entwicklungsplaneten Erde. Das sind die «Spielregeln», wenn man sich auf das Leben einlässt und ihr könnt euch sicher sein, dass nichts jenseits eures individuellen Seelenplans und dem des Seelenkollektivs geschehen ist.

Lasst euch einladen zu dem Schritt, das Vergangene ganz loszulassen und euch einzustimmen auf das Jetzt, eure ungeahnten Möglichkeiten und Potenziale. Vielleicht geschieht die Corona-Krise genau deswegen, damit ihr zu euch zurückfindet und euch traut, eure bisher verborgenen oder versteckten Talente anzuwenden?

Ich erinnere an das Meisterselbst in euch, das erweckt zu werden längst bereit ist. Wer eignet sich dazu mehr als der euch bekannte Meister Buddha Gautama, der den Weg der Erleuchtung und des Aufstiegs bereits gegangen ist? Oder Meister White Eagle, der sich mit seinen Schwingen über die irdische Schwere zu erheben vermag, durch Klarheit, Einsicht und Weisheit? Es gibt noch zahlreiche andere Meister und Meisterinnen mehr, die bereit stehen, dich an die Hand zu

nehmen und dich zu deinem eigenen inneren Meister zu
führen.

Die nachfolgende Übung soll dich in Kontakt bringen mit deiner
Göttlichkeit und deinem Meister, deiner Meisterin in dir:

Entspanne dich an einem Ort, an dem du sicher sein kannst, nicht
gestört zu werden. Bitte deinen Schutzengel um Führung und
Schutz. Lasse wirken, was nun kommen mag.
Bitte deinen Schutzengel um die Verbindung zu der Meisterenergie,
die dir gerade nützlich und dienlich ist, abgestimmt auf deinen
momentanen Entwicklungsstand. Du sollst gefordert, aber nicht
überfordert werden.

Vor deinem inneren Auge erscheint die Meisterenergie, oder du
spürst sie oder weisst, dass sie da ist, vielleicht hörst du sie auch. Es
ist ein Gefühl der Erhabenheit und Göttlichkeit dabei, so kannst du
sicher sein, dass es nicht deine Fantasie ist.

Bitte nun die Meisterenergie, dich zum Pfad des Vertrauens zu
führen. Der Pfad des Vertrauens wurde von dir bereits beschritten,
als du ganz frisch auf der Welt warst und dich erst noch in deinem
Körper und der neuen Umgebung zurechtfinden musstest.

Dein Herz erinnert sich an den Pfad des Vertrauens, denn du wirst
bewegt sein oder sogar etwas weinen müssen.

Folge dem Pfad in Begleitung deines Meisters oder deiner Meisterin.
Du kommst nun an einen Ort, der dir fremd und vertraut zugleich
erscheint. Dort siehst du eine Lichtgestalt stehen.

Frage, wer sie ist und spüre nach, was es mit dir macht, zu erfahren,
um wen es da geht.

Du erkennst, dass es dein eigenes, göttliches Selbst ist, vollkommen, weise, rein und voller Lichtkraft. Du erkennst, dass alles, wonach du gesucht hast, in dieser Person vereint ist.

Frage dein Meisterselbst, was du jetzt brauchst, um in deiner Situation zurechtzukommen. Dein Meisterselbst kann dir alle Fragen beantworten und du kannst sicher sein, dass das die für dich besten Antworten sind, da sie aus der Tiefe deines Selbst kommen.

Bleibe so lange im Gespräch mit deinem Meisterselbst, wie du es brauchst. Du wirst jederzeit den Pfad des Vertrauens wieder beschreiten und Kontakt aufnehmen können.

Diese Übung ist sehr tiefgehend und braucht vielleicht einige Vorübungen aus anderen Kapiteln und vermutlich auch etwas Geduld. Doch wenn du den Zugang zu deiner Meisterenergie in dir wiedergefunden hast, so ist es umso mehr eines der grössten Geschenke, die du dir selbst machen kannst.

Kehre nach dem Gespräch achtsam und in Begleitung der Lichthelfer vom Anfang zurück ins Hier und Jetzt. Lasse dir Zeit, wieder ganz zu dir zu kommen. Trinke viel vom guten Wasser und lasse die nächste Zeit alles nachwirken. Bitte lenke dich nicht zu sehr mit Äusserlichkeiten ab, sondern bleibe bei dir.

In tiefer Liebe zu allem was ist, dein Meister, deine Meisterin in dir, März 2020